Dietrich Volkmer

Mensch & Schlange

Freundschaft oder Feindschaft?

DIETRICH VOLKMER

MENSCH & SCHLANGE

FREUNDSCHAFT ODER FEINDSCHAFT?

Die Deutsche Nationalbibliothek verzeichnet diese Publikation
in der Deutschen Nationalbibliografie;
Detaillierte bibliografische Daten sind im Internet unter
http://dnb.ddb.de abrufbar

Text, Layout, Umschlaggestaltung und Fotos
Dr. Dietrich Volkmer

Titelbild: Dr. D. Volkmer

Internet-Seiten
www.drvolkmer.de   www.literatur.drvolkmer.de
www.buchtipps.drvolkmer.de   www.privat.drvolkmer.de

Herstellung und Verlag
BoD Books on Demand
Norderstedt
Printed in Germany

ISBN 9783744864251

Inhalt

Vorwort

Es ist schon eine Reihe von Jahren her, als ich auf einem der damaligen Comed-Kongresse einen Vortrag zum Thema „Mensch und Schlange" gehalten habe. Damals noch mit Overhead-Folien – daraus wird schon ersichtlich, wie viel Zeit inzwischen verstrichen ist, denn heute ist Powerpoint das Medium der Wahl.

Aber das Thema geriet irgendwie in das Dickicht des Vergessens – immer war etwas anderes wichtiger. Kurzum: Das Thema galt als abgehakt.

Bei den Besuchen der Herder-Kirche in Weimar erinnerte ich mich beim Betrachten des Altar-Bildes von Lucas Cranach jedes Mal wieder an meinen Vortrag (darauf wird später noch einzugehen sein). Aber der Alltag und andere Interessen ließen den Eindruck wieder schnell verblassen.

Jetzt aber im Winter 2017 wurden bei der Betrachtung einiger Bilder der Ausstellung „Geschlechterkampf" im Städel-Museum in Frankfurt die alten Eindrücke wieder wach und lebendig.

Manchmal braucht es eben Zeit, bis etwas wieder aus den Tiefen des Bewusstseins zurück an die Oberfläche drängt. Ein Auslöser ist oftmals ein gescheites Medium: Ein Buch, ein Bild, eine Ausstellung.

Manch einen mag das Titelbild ein wenig irritieren, vielleicht eine weibliche Leserin. Eine männliche Figur erscheint mir hingegen völlig unpassend. Denn die biblische Eva ist nach dem Ersten Buch Moses die erste menschliche Person, die mit der Schlange im Paradies in Kontakt gerät. Adam ist an dieser entscheidenden Stelle der Bibel nur männliches Beiwerk

Was aus dieser Begegnung geworden ist, sollte allen bekannt sein.

Es folgte die Vertreibung aus dem Paradies, was noch ausführlich betrachtet werden soll.

Sicher hätte man den Titel des Buches auch anders formulieren können: „Schlange und Mensch". Die jetzige Reihenfolge erscheint mir jedoch aus meiner Sicht stimmiger, stellt es doch das Thema Mensch in den Vordergrund.

Persönliche Affinitäten zum Thema Schlange

Schon in der Kindheit waren Schlangen in unserer Erlebniswelt sehr präsent, nicht die harmlose Blindschleiche, auch nicht die ebenfalls harmlose Ringelnatter, sondern die Kreuzotter, von der es hieß, ihr Biß sei tödlich.

Damals nach dem Zweiten Weltkrieg liefen wir als Kinder in der Freizeit im Sommer meist barfuß. Nur in einer Gegend waren wir ängstlich: Im Moor, denn es hieß, hier lebten die meisten Kreuzottern. Nun ergab es sich, dass in der Nachkriegszeit aus Kohleknappheit in dieser Gegend viel Torf gestochen wurde, denn es gab zwei Moor-Seen und eine ausgedehnte Moor-Landschaft und damit die Gelegenheit zum Torfgraben. Als Kinder waren wir oft dabei, wenn der Torfstecher, den man für diese Arbeit engagieren musste, tätig war.

Da lief niemand von uns barfuß und wenn mal irgendein Zweig oder ähnliches unsere Ferse tangierte, schauten wir gleich ängstlich nach, ob es eine Kreuzotter gewesen sein könnte.

Noch immer sehe ich sie vor mir, wie sie auf den sonnenerhitzen Wegen blitzschnell sich schlängelnd im Gebüsch verschwanden. Ob es nun Ringelnattern oder Kreuzottern waren, konnte man auf die Schnelle nicht unterscheiden, aber der Respekt war vorhanden.

Nun, niemand von uns Kindern ist gebissen worden, aber die Bilder bleiben. Damals hatte ich nie daran gedacht, dass diese Kind-

heitserinnerungen einmal im Vorwort eines Buches auftauchen und erwähnenswert sein könnten

Ein typische Moor-Seen-Landschaft aus Norddeutschland

Das Miteinander

Bei oberflächlicher Betrachtung haben beide – Mensch und Schlange – nichts Wesentliches miteinander zu tun.

Geht man jedoch in der Geschichte der Menschheit zurück, beschäftigt sich mit den alten Kulturen, den Mythen und der Symbolik, so ist die Schlange zweifelsohne das am meisten vorkommende, in vielen Kulturen der westlichen Hemisphäre gegenwärtige und somit irgendwie geheimnisvollste Tier.

Vergleicht man die Schlange mit anderen Tieren, so zeichnet sie sich durch einige merkwürdige Eigenheiten aus:

* Sie hat keine Beine
* Sie ist trotzdem schnell
* Sie hat einen merkwürdigen Bewegungsablauf – im Deutschen hat es sein Pendant im Wort „schlängeln" gefunden

* Sie besteht fast – scheinbar - nur aus Wirbelsäule und etwas Materie dran
* Vielfach tritt sie als Traumsymbol auf

Es gibt noch weitere Eigenschaften, über die im Laufe des Buches zu sprechen sein wird.

In unserer weitgehend säkularisierten Welt tritt der Begriff Schlange hauptsächlich unter negativ empfundenen Verknüpfungen auf:

* Der Warteschlange – am Schalter bei Bahn oder Post oder am Supermarkt
* Der Autoschlange – zur Sommerzeit, aber nicht nur, auf deutschen Autobahnen
* Schlange stehen – man denke an DDR-Zeiten, wenn es irgendwo etwas Außergewöhnliches zu kaufen gab. Man reihte sich in die Schlange ein, oft ohne zu wissen, was es eigentlich zu kaufen gab
* Schlangenlinien fahren – der etwas promillierte Autofahrer
* sich hindurchschlängeln im Sinn von allem Unangenehmen aus dem Weg gehen

Weiterhin interessant ist geschlechtsmäßige Zuordnung der Schlange in unseren westlichen Kulturen.

Am einfachsten machten es sich die Römer. Sie hatten die freie Auswahl, ob sie einer Schlange weibliches oder männliches Geschlecht zuwiesen.

In den romanischen, also vom Lateinischen abgeleiteten Sprachen wie Italienisch oder Französisch ist die Schlange männlich. Im Spanischen dagegen weiblich

Das Neugriechische stuft die Schlange als weiblich ein, ebenso das Deutsche.

Hier stoßen wir an ein generelles Geheimnis, das alle Sprachen irgendwie umgibt:

Wie kommt es eigentlich zu der Einteilung in männlich, weiblich oder sächlich? Wer oder was gab den Ausschlag für eine geschlechtsspezifische Zuordnung?

Da es für mich als Deutscher am einfachsten ist, eine Erklärung in unserer Sprache zu finden: Bleiben wir bei den Tieren.

Beim König der Tiere, dem Löwen als Gattungsbezeichnung, kann man das männliche Attribut nachvollziehen, obwohl, wenn man ins Detail geht, gibt es den Löwen, die Löwin und das Löwen-„Kind".

Bei dem Elefanten kann man die Bezeichnung irgendwie verstehen, so viel Masse scheint einfach männlich zu sein.

Warum aber ist die Giraffe als Gattung weiblich? Männlich ist es das Giraffen-Männchen, ein kindliches Attribut für ein nicht gerade kleines (männliches) Tier!

Der Flamingo hingegen – ein zartes, graziles, rosafarbenes Wesen - erfreut sich maskuliner Zuordnung.

Große Tiere von etlichem Volumen wie das Nashorn, das Flußpferd und das Pferd – sie müssen sich im Deutschen mit einem „das" zufrieden geben.

Bei den Haustieren findet man keine schlüssige Einteilung: Das Huhn – einverstanden, das Schwein – na ja!, die Ziege – kann man akzeptieren, das Schaf ist wieder neutral.

Es dürfte schwer sein, etymologisch sämtliche Tiernamen zu erklären, damit soll die Fragestellung aber abgeschlossen werden, denn das ist nicht die Hauptintention dieses Buches.

Im Deutschen also ist die Schlange weiblich.

Sollte das der Grund sein, um Frauen als weibliche Wesen mit den Eigenschaften der Listigkeit und Verschlagenheit zu bedenken? Oder weil Eva in der biblischen Geschichte der Schlange und ihrem Versprechen willfährig ihr Ohr verlieh und sich verführen ließ.

Auf jeden Fall dürfte der Aspekt der Verführung in diese Zusammenhänge hineinspielen.

Dieses spezielle Thema wird ebenfalls in einem späteren Kapitel wieder zu erwähnen sein.

Die Schlange in den früheren Hochkulturen

Die Entwicklung von Symbolen, Schriftzeichen und letztendlich bis zur Schrift als solcher ist ein ungeheurer Schritt in der Evolution. Wir machen uns heute im Zeitalter der Überall-Verfügbarkeit von Informationen überhaupt keine Gedanken darüber, welche Bedeutung es gehabt hat, das gesprochene Wort – auch das schon ein genialer Schritt – umzuwandeln oder umzuformen in ein Zeichen, in ein Symbol und dann umgekehrt wiederum dieses Symbol im Geist in einen Laut oder in ein Wort zu transferieren und es dann auch aussprechen zu können.

Uns ist alles so selbstverständlich geworden, dass wir darüber kaum noch einen Gedanken verschwenden.

Am Anfang dieser Entwicklung stand sicher das Bild, gedacht, gezeichnet – aus dem sich das Wort als Gesamtbild emanzipierte. Das Bild in Stein, Ton oder gar Metall. Aus dieser ursprünglichen, fast möchte man sagen archaischen Assoziation entstand der nächste grandiose Schritt: Die Entstehung der Einzelbuchstaben, aus denen dann wiederum größere Gebilde komponiert werden konnten.

Eine dieser genial anmutenden Entwicklungen ist die Schrift des Alten Ägypten – die Hieroglyphen, die Heiligen Zeichen, die nur im sakralen Zusammenhang in den Tempeln verwendet wurden.

Denn der Pharao war als Sohn des Horus gottgleich und alles, was mit ihm zusammenhing, wurde in die Heiligen Zeichen gebannt.

Da, wie bereits erwähnt, Bilder und Symbole aus der Umwelt ihre Entsprechung in der frühen Schrift der Ägypter fanden, ist es nicht verwunderlich, dass auch die Schlange, ein häufig anzutreffendes, gefürchtetes und irgendwie geheimnisvolles Tier Eingang in die Schriftzeichen oder die Sprache der Bilder hielt.

In der späteren hebräisch-christlichen Mystik wird uns diese Symbolik wieder begegnen.

13

Wir sehen hier an den Hieroglyphen zwei Zuordnungen:

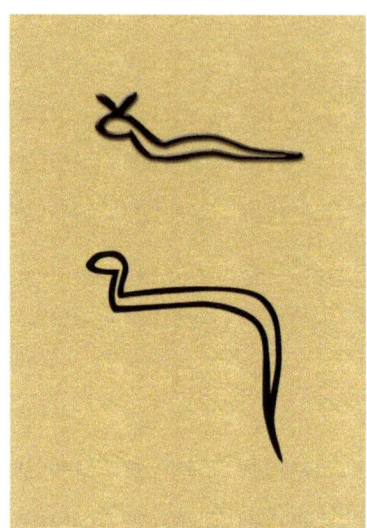

Schlange in der Hierogly-
phenschrift

Das obere Bild der Schlange findet mehr Gebrauch für profanere Zwecke – auch in der Hieroglyphen-Schrift musste hin und wieder etwas weniger Sakrales ausgedrückt werden. Sie entspricht, in unser Alphabet übertragen, annähernd dem Buchstaben „f" – man muß annähernd sagen, denn niemand hat einen Alten Ägypter je sprechen gehört und die Möglichkeit von Aufzeichnungen des gesprochenen Wortes lag noch zweitausend Jahre in der Zukunft.

Das untere hingegen, die aufgerichtete Schlange, zieht sich in der Hieroglyphenschrift wie ein roter Faden durch die gesamte alt-ägyptische Hochkultur von immerhin fast dreitausend Jahren.

Dieses Zeichen entspricht einem dj oder dsch. Es fließt ein in den Begriff Ewigkeit.

Jede Kultur hat einen anderen Zugang zum Thema Zeit. Wie letzten Endes die Alten Ägypter das Wort oder die Formulierung „Zeit" verstanden haben, wissen wir nicht. Wir können uns diesem damaligen Verständnis nur approximativ nähern.

Gerade das Wort Ewigkeit hat selbst in unserem Sprachgebrauch eine gewisse Doppelbödigkeit, ja, Indifferenz. Die meisten Menschen verstehen darunter nichts anderes als eine unendliche Aneinanderreihung von Tagen, Monaten, Jahren oder gar Jahrhunderten. Das aber gerade ist Ewigkeit nicht. Ewigkeit hat keinen Anfang und kein Ende und entzieht sich somit dem wissenschaftlichen Denken. Das zweite Wort, das von mir zur Erklärung von Ewigkeit aus Verlegenheit oder Hilflosigkeit herangezogen werden musste, ist Unendlichkeit.

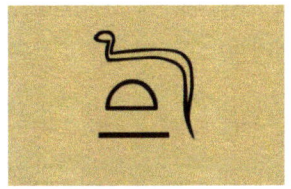

Begriff Ewigkeit im
zeitlosen Sinn

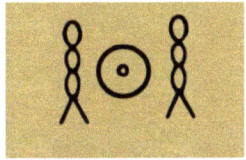

neheh - Ewigkeit

Im Alltag sprechen wir häufig von unendlich weit, aber es gibt immer noch etwas was noch weiter ist. Insofern hat das Wort Unendlichkeit eine ähnliche Unschärfe – wir können es nicht messen, es gibt keinen Anfang und kein Ende.

Wer sich noch ein wenig an seine Mathematik-Stunden erinnert, kennt vielleicht noch den Begriff der Kurvendiskussion. Da gab es den Begriff der Asymptote – eine Kurve, die sich im Unendlichen an eine Gerade annähert oder anschmiegt. Wo außerhalb des Heftes oder der Tafel dieses mathematische Ereignis stattfinden sollte oder konnte, lag in den Sternen (oder vielleicht nicht einmal da!).

In unser Welt des Zentimeter-Gramm-Sekunde-Denkens sind die beiden erwähnten Begriffe nicht zu definieren.

Um es noch einmal klar zu formulieren: Ewigkeit ist in unserem heutigen philosophischen Verständnis nicht eine unendliche Aneinanderreihung von Zeiteinheiten, sondern ein immerwährendes Sein, ein Hier und Jetzt, ohne Vergangenheit und Zukunft. Das Wort Gegenwart ist ebenfalls nicht stimmig, da sofort die Fragen nach dem Davor und dem Danach, also wie lange, im Raum stehen.

Das menschliche Gehirn ist augenscheinlich zum jetzigen Zeitpunkt der Evolution für diese Dinge nicht oder noch nicht programmiert.

Wie ist es nun zu erklären, dass die Schlange in der ägyptischen Religionsmythologie mit dem Thema Ewigkeit, der Überwindung der Zeit, in Verbindung gebracht wird?

Es ist eine Eigenheit oder Eigenschaft der Schlange, die ich vorhin noch nicht erwähnt habe – es ist die Häutung.

Die Schlange streift ihre alte Haut ab, das Alte also, und tritt als

Neugeborene, als Gewandelte wieder in Welt.

Die Altvorderen in Ägypten hielten es für eine Art Jungbrunnen und assoziierten es mit dem Begriff Unsterblichkeit und im übertragenen Sinn mit Ewigkeit.

Die zweite obere Hieroglyphe (Umschrift Djet) bedeutet so viel wie Ewigkeit, seit Urzeiten, und wird dem Pharao als Wunsch nach ewigem Leben mitgegeben.

Im zweiten Begriff „neheh" für die Ewigkeit scheint sich m.E. mehr die Endlichkeit wieder zu spiegeln, denn das Symbol des Dochtes zeigt unverkennbar Vergängliches an.

Rührend, aus unserer Jetztzeit betrachtet, sind auch die Erklärungsversuche der Alten Ägypter für bestimmte Erscheinungen oder Phänomene am Himmel.

So zieht nicht einfach die Sonne ihre Bahn am Himmel entlang, sondern der Sonnengott Re befährt mit seiner Barke den oberen Himmels-Nil. Und jeden Abend verschwindet er mit seiner „Besatzung" im Land Amenti, im Land des Westens, dorthin wo auch die Toten ihre letzte Fahrt antreten.

Sonnenuntergang am Nil

Für mich war es immer ein eindrucksvolles Erlebnis, des Abends am Ufer des Nils zu sitzen und die Barke des Re glühend-orange-rot am Horizont verschwinden zu sehen und mich in die phantasievollen Bilder des Alten Ägypten hineinzuversetzen.

Wenn wir gerade diese Bilder beschreiben: Die Ägypter wunderten sich über die rote Himmelsfarbe des Untergangs.

Jetzt kommt wieder eine Schlange ins Spiel.

Im Westen, am Horizont also, lauerte jeden Abend die große Apophis-Schlange als Negativum, als Symbol der Zerstörung der Ordnung der Welt, als Eingriff in eine zeitlich vorgesehene Reihenfolge, die dem Sonnengott die Reise durch die Stunden der Nacht verwehren wollte.

Um den Gang der Welt aufrecht zu erhalten und die Weltordnung

zu bewahren, muß der Sonnengott jeden Abend dieses Schlangen-Ungeheuer erschlagen, um die Weiterreise nicht zu unterbinden und am nächsten Morgen wieder kraftvoll präsent zu sein.

Und es ist das Blut der getöteten Schlange, die den Abendhimmel rot färbt.

Eine phantasievolle Erklärung, über die unsere heutigen streng materialistisch ausgeformten Wissenschaftler nur die Nase rümpfen können.

Pharao Sethos I - der Vater von Ramses II

Erstaunlicherweise ist sie am nächsten Abend wieder präsent (wiedergeboren?),

um sich als Verkörperung der zerstörerischen Unterwelt erneut dem Sonnengott Re entgegen zu stellen, um den Lauf der Welt zu unterbrechen.

Nimmt es daher Wunder, dass die Gott-Pharaonen das Symbol von Kraft, Ausdauer und ständiger Erneuerung als eine ihrer

Pharao Ramses III

Insignien der Macht verwendeten. Als göttliches Zeichen tragen sie die aufgerichtete Schlange an der Stirn.

Die Alt-Ägypter hatten keine Zeit im fortschreitenden, fortlaufendem Sinn, wie wir es gewohnt sind, sondern mit dem Regierungsantritt jedes Pharaos begann die Zeit wieder von vorn.

Wieso zeigte das Zeitgeschehen mit dem Tod des Pharaos ein vorübergehendes Ende? Was machten die ausgedienten Pharaonen samt und sonders im Land Amenti, im Jenseits, wo sie im Grunde eine Fortsetzung des Diesseits mit allen Annehmlichkeiten genossen? Gab es nicht Rivalitäten zwischen den im Hier und Jetzt Verblichenen?

Darüber fand ich keine Erklärung, aber es hat auch für unser Hauptanliegen, der Relation zwischen Mensch und Schlange, keine Bedeutung.

Auf dem ersten Pharao-Bild zeigt sich Sethos I, der Vater von Ramses II, dem Großen, wie er posthum gewürdigt wurde. Ihm, Sethos I, verdanken wir die wundervollen Hochreliefs im Tempel von Abydos, während Ramses im Zuge der Standardisierung und Rationalisierung bei all seinen in Ober- und Unterägypten durchgeführten Baumaßnahmen das Tiefrelief kreierte. Nur so waren er und seine Helfer in der Lage zeitgleich so viele Bauwerke zu initiieren.

Die Totenmaske von Tut-ankh-amun – auf deutsch transskribiert: Abbild des lebendigen Amun – ist wohl den meisten Menschen als eines der am besten erhaltenen

Echnaton und Nofretete mit ihren ersten drei Kindern

18

Fundstücke aus dem Alten Ägypten bekannt, daher habe ich auf ein Bild in diesem Buch verzichtet..

Eines der schönsten Reliefs aus der Amarna-Zeit von Echnaton und Nofretete möchte ich hier noch einfügen. Wer genau hinschaut sieht bei beiden an der Stirn trotz der Abwendung von den alten Göttern noch immer das Symbol der aufgerichteten Schlange.

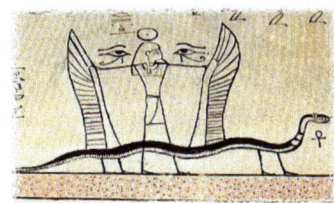

Unterwelt-Zeichnung

Die Alten Ägypter waren die ersten, die eine Art Geografie der Unterwelt, der Welt der Nacht hatten. So eine Art Varta-Führer fürs Jenseits. In den Königsgräbern im Tal der König in Luxor findet man diese bildhafte Darstellungen.

Dieser Weg durch die Unterwelt ist, wie im Amduat oder im Buch der Pforten, dem ägyptischen Totenbuch beschrieben, von Pforten und Durchlässen gekennzeichnet. Dort stehen die aufgerichteten Schlangen als gefährliche und drohend-unerbittliche Wächter.

Zum Schluß der alt-ägyptischen Schlangenreise noch ein besonders anmutiges Bild – Tut-ankh-amun mit seiner Königsgemahlin, einer Tochter von Nofretete und Echnaton – Ankhes-en-pa-Aton. Auf seinem Haupt sieht man nicht nur eine Schlange, sondern gleich mehrere.

Tut-ankh-amun u. Ankhes-en-pa-Aton

Die Kultur der Minoer

Zur Zeit des Mittleren Reiches in Ägypten existierte auf der Insel

19

Kreta - aus der Minoer-Zeit -
Eine Göttin?

Kreta, von den Ägyptern Keftiu ge-
nannt, eine offenbar friedfertige ma-
triarchalische Kultur: Die Minoer.

Da sie – abgesehen von dem Dis-
kus von Phaistos, der allerdings noch
immer der Enträtselung harrt – so
gut wie keine schriftlichen Zeug-
nisse hinterlassen haben, ist über sie
nicht allzu viel bekannt. Wir können
uns nur an den Ausgrabungen von
Knossos und Phaistos orientieren.

Die Schlangengöttin, im Museum
von Heraklion zu sehen, ist noch
eines der am besten erhaltenen
künstlerischen Relikte aus jener Zeit.

Leider können wir über ihre Bedeutung nichts aussagen - eine Zau-
berin oder eine Göttin? Oder beides zusammen? Wir können die
Kunst nur bestaunen und rätseln.

Die Schlange in unserer westlichen Kultur

Auch in unserer westlichen Kultur bzw in deren Vorläufern taucht
die Schlange als Symbol auf.

Schon auf den ersten Seiten unserer Bibel. Im Alten Testament
nimmt die Schlange eine wichtige, wenn nicht sogar die entschei-
dende Rolle in der auf den Menschen bezogenen Schöpfungsgeschichte ein.

Im Dritten Kapitel – manch einer erinnert sich vielleicht noch an
den Konfirmanden-Unterricht oder an die Bibelstunde – windet sich
die Schlange, listiger als andere Tiere, vom Baum herab und verführt
Eva, die Männin dazu, die Frucht vom Baum der Erkenntnis zu
essen.

20

Adam und Eva
Lucas Cranach d.Ä. (1472-1553)

Das Thema ist offenbar so interessant, dass viele Maler sich dessen angenommen haben.

Auf diesen Seiten sehen Sie ein Bild von Lucas Cranach d.Ä und eines von Franz von Stuck (ca 1920). Beide Bilder wurden, wie auch die meisten folgenden am PC etwas aufgehellt. Die Quellen der Bilder sind im Anhang angegeben.

Die Folgen kennen wir allzu gut: Die Menschen waren nunmehr sehend geworden, sie lernten zu unterscheiden. Damit sie nicht auch noch vom Baum des Lebens essen konnten und damit werden könnten wie Gott, verwies der Herr sie aus dem Paradies.

Eva als die Verführerin, die auf die Verlockung der Schlange, sie werden sein wie Gott, reagiert, ist auch das Motiv anderer Maler.

Die Schlange wird seitdem immer wieder in Verbindung mit Eva und insgesamt mit dem Thema des Weiblichen in Verbindung gebracht.

Der Fall des Menschen aus der Einheit mit Gott, mit dem Schöpfer, in die Dualität, in die Polarität, ist dieser am

Adam und Eva, Franz von Stuck,
(1863 - 1928)

Individuum zerrende Zustand zwischen den Polen. Der Mensch

21

Lilith, J. Collier, 1889

muss unterscheiden zwischen gut und böse, zwischen langsam und schnell, zwischen hell und dunkel, usw usw, nie kann der Mensch beide Pole zusammen erleben oder sehen. Er kann sie nur getrennt oder nacheinander erleben. Dafür ist unser menschliches Gehirn seitdem in rechts und links aufgeteilt.

Die Schlange war Auslöser oder Gehilfe bei diesem Prozess der Vertreibung aus dem Paradies.

Nun leben wir auf diesem Erdball, bemüht, jeder auf seine Weise, diesen Prozess des Falls, der Vertreibung, wieder rückgängig zu machen.

Der Kommunismus und der Sozialismus waren und sind vergebliche, vor der Geschichte gescheiterte Versuche, auf Erden wieder ein Paradies einzurichten. Im Nachhinein kann man sich nur wundern, wie viele Menschen, nicht immer die unintelligentesten, auf diese Pseudo-„Heilslehren" hereingefallen sind und angeblich noch immer hereinfallen, obwohl die Geschichte sie eines besseren belehren sollte. Von der Bibel und der Bedeutung der Schöpfungsgeschichte soll erst gar nicht die Rede sein.

Die Schlange als Heilsprinzip

Im vierten Buch Mose tritt uns die Schlange erstmals als Heilsprinzip entgegen. Es ist der Zug der Kinder Israel unter der Leitung von Moses aus Ägypten durch die Wüste. Ein symbolischer Weg. Ob er in der Realität jemals stattgefunden hat, sei dahingestellt. Man hat auf wundervolle Weise das Rote Meer durchquert, damit die ägyptischen Verfolger abgeschüttel, aber jetzt ist es ein Weg durch die Wüste, durch Hitze, Trockenheit und Staub.

Es ist ein Weg voller Mühen, Plagen, Nöte und Gefahren.

Kein Wunder, dass sich Unmut und Unlust gegenüber Moses breit machte.

Aber lassen wir zum besseren Verständnis die Bibel selbst sprechen.

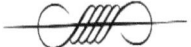

Die Errichtung der ehernen Schlange (4. Buch Mose, Kap. 21, Übersetzung Martin Luther)

Das Volk aber wurde der Wanderung überdrüssig. Das Volk redete gegen Gott und Moses.

„Warum habt ihr uns aus Ägypten herausgeführt, dass wir in der Wüste sterben.

Denn kein Brot ist da, kein Wasser. Dieses minderwertige Brot widert uns an!"

Da sandte der Herr unter das Volk feurige Schlangen, die bissen das Volk, so dass viele Leute aus Israel starben.

Da kamen die Leute zu Mose und sprachen:

„Wir haben gesündigt, denn wir haben geredet wider den Herrn und Dich. Bitte den Herrn, dass er die Schlangen von uns nehme."

Mose bat für das Volk.

Da sprach der Herr zu Mose:

„Mache Dir eine eherne Schlange und richte sie auf zum Zeichen; wer gebissen wird und sieht sie an, der soll leben."

Da machte Mose eine eherne Schlange und richtete sie auf zum Zeichen; und wenn jemanden eine Schlange biß, so sah er die eherne Schlange an und blieb leben.

Diese symbolische Geschichte ist für den Laien erst einmal unverständlich, ja mysteriös. Warum muß es ausgerechnet eine Schlange sein, die diese Heilung bewirkt?

Dafür müssen wir nunmehr etwas tiefer in die Bibel eindringen, und zwar mit Hilfe der Kabbala, der jüdischen Geheimlehre.

Die Zeichen der Bibel im Alten Testament, besonders der Thora, den Fünf Büchern Mose, schwingen auf mehreren Ebenen. Neben der wortwörtlichen Interpretation gib es noch andere Ebenen, die sich nur dem Kenner öffnen.

Die hebräischen Buchstaben haben einen Lautwert (den man ausspricht und hört), einen Zahlenwert und einem Symbolwert.

An dieser Stelle möchte ich meinem Lehrer Friedrich Weinreb ganz herzlich danken, der mir in vielen Vorträgen, einigen Gesprächen und in seinen Büchern manches nahe gebracht hat, speziell auch zu diesem Thema.

Wörter, die eine innere Verwandtschaft aufzeigen (so möchte ich es einmal nennen), die für uns eine gefühlsmäßige Beziehung zueinander haben, zeigen bei ihren Zahlenwerten gewisse Ähnlichkeiten der Zahlenwerte.

Drei Wörter – wir haben sie beim Sündenfall kennen gelernt – es sind Schlange, Fall und die leibliche (die mehr animalische) Seele.

Nachasch – Schlange – Zahlenwert 50 – 8 – 300
Naphol – Fall – 50 – 80 – 30
Nefesch – leibliche Seele – 50 – 80 - 300

Es ist erstaunlich, wie sich die Zahlenwerte ähneln.

Spielt man etwas weiter auf diesem geheimnisvollen Klavier, so erleben wir ein weiteres Wort

Gephen – der Weinstock – Zahlenwert 3 – 80 – 50.

Sehr schnell erkennt man, wie man im Weinrausch zu Fall kommen kann.

24

nachasch Schlange 50-8-300

naphol Fall 50-80-30

nefesch leibl. Seele 50-80-300

Beim nächsten Vergleich wird es noch geheimnisvoller.

Addiert man die Einzelzahlen des Wortes Schlange (Nachasch) 50 – 8- 30 so ergibt sich ein additiver Zahlenwert von 358.

Im Alten Testament ist immer die Rede vom Messias, dem Gesalbten, der da als Erretter der Welt kommen soll. Auf Hebräisch: Maschiach.

Zahlenwert: 40 – 300 – 10 - 8

Als Summation zeigt sich ein Wert: 358.

Eine mysteriöse Übereinstimmung.

Zufall?

Mit Sicherheit nicht!

Es ist die sich am Baum herabwindende Schlange, die dem Menschen Erkenntnis verspricht, ihn aber ins Un-Heil stürzt, in die Dualität vertreibt.

Im Sinn einer Gegenläufigkeit - so möchte ich es einmal bezeichnen, obwohl es nicht ganz den Kern der Dinge trifft - ist es der am Kreuz aufgerichtete Messias, der den Menschen den schwierigen

Weg zurück aus der Dualität in die Einheit, zum Vater, aufzeigen soll.

Auf dem Altarbild von Lucas Cranach d.J (1552 - 1555), das ich eingangs schon erwähnt hatte, ist diese Dualität eindrucksvoll dargestellt, aber für die meisten Betrachter etwas schwer verständlich bzw. durchschaubar.

Im Vordergrund der Gekreuzigte. Im Hntergrund rechts sieht man die aufgerichtete Schlange. Der Blutstrahl aus dem Körper Christi deutet dorthin. Man muß schon genau hinschauen. Zur besseren Illustration habe ich diesen Bereich herauskopiert und vergrößert. Wenn man das kleine Bild mit der Vergrößerung anschaut (am Original in Weimar ist es natürlich besser zu sehen), dann sieht man die vielen Schlangen, die am Boden von der aufgerichteten Schlange wegstreben. Sie haben keine Macht mehr, ihre Gefährlichkeit ist gebannt.

Altarbild in der Herderkirche St.Peter und Paul in Weimar.

Der für uns wichtige Ausschnitt aus dem Altarbild: Die aufgerichtete Schlange

Die Herderkriche St. Peter und Paul in Weimar

Die Symbolik der Schlange im antiken Griechenland

Unsere Tour d'horizon über Schlangen kann natürlich eine geografische Station nicht auslassen – das antike Hellas.

Als erster großer Heiler der Weltgeschichte – sehen wir einmal von Imhotep ab, der zu Zeiten des Alten Reiches unter Pharao Djoser Arzt und Baumeister war und die Stufen-Pyramide von Sakkara errichten ließ – tritt Asklepios auf die Bühne der Heilkunst.

Folgen wir Hesiod, so war er ein Sohn des Gottes Apollon. Homer beschreibt ihn gar als Sterblichen. Über seine Mutter gibt es verschiedene Beschreibungen. Auf jeden Fall soll er bei dem sanftmütigen Kentauren Cheiron die Prinzipien der Heilkunst gelernt haben.

Wie dem auch sei (es sind schließlich Mythen und damit nicht immer historisch belegbare Fakten): Asklepios wurde im Alten Griechenland wie ein Gott verehrt. Das ihn begleitende

Asklepios mit Schlange

27

Tier ist die Schlange. Und sie schlängelt sich am Aeskulap-Stab, dem Signum für ärztliche Heilkunst, hinauf.

Griechische Mythen sind keineswegs homogen – je nach Auslegung waren sie farbig und bunt und manchmal auch widersprüchlich.

Asklepios und seine
Tochter Hygieia

Nach einer Sage wurde auf Grund seiner vielen Heilerfolge Asklepios übermütig und begann, Tote wieder zum Leben zu erwecken.

Diese Hybris konnte von Hades, dem Herrscher der Unterwelt, nicht toleriert werden. Würde es doch bedeuten, dass sich niemand mehr im Hades als bleiche Seele einfinden würde. Er beschwerte sich flugs bei seinem Bruder, dem Gottvater Zeus. Dieser zog ihn, Asklepios – etwas vornehm formuliert – durch Abschiebung in den Hades aus dem Verkehr.

Eine seiner Töchter ist Hygieia – wie so viele Wörter aus dem Griechischen ist sie bis heute das Sinnbild für Hygiene, Sauberkeit und Sterilität.

Ein kühner Einwand: Ob man ihr und Asklepios in Zeiten zunehmender Hygiene-Probleme in unseren Kliniken mit vielen durch Antibiotika-Resistenzen gestorbenen Patienten eine kleine Kapelle in den Krankenhäusern einrichten sollte, in denen die Anverwandten ihr zu Ehren Kerzen anzünden und für ihre Lieben beten könnten?

Der Kult des Asklepios begann am Ende des 5. Jahrhunderts v. Chr. in Athen, als man ihm – da eine Pest ausgebrochen war – ein Heiligtum er-

Hygieia - eine
Tochter Asklepios'

28

baute.

Dieser Kult wurde später auch in Epidauros fortgeführt. Hier fan-

den die Tragödienspiele von Aischylos und Euripides statt. Wer das wohl schönste, noch erhaltene Amphitheater der Antike besucht und sich von der phantastischen Akustik beeindrucken lässt, sollte auch dem naheliegenden Heilzentrum einen Besuch abstatten.

Schlangenkult, Krankenbetreuung und Theater verbinden sich an diesem Ort zu einer mystischen Symbiose, als Wallfahrtsort und Kurbad.

So mancher deutsche Kurort, der sich so nennt, könnte sich aus dieser vorchrist-

Säulenfuß

lichen Stätte durchaus einige Anregungen holen.

Nach Ovids Beschreibungen brach im Jahr 293 v. Chr. in Rom die Pest aus. Nach vielen Toten befragte man eine Sybille, eine weise Frau also, nach einer Lösung.

Diese prophezeite das Ende der Epidemie, wenn man eine Schlange des Asklepios nach

Fuß einer Säule

Rom holte. So wurde im Jahr 291 v.Chr. in Rom der erste Aeskulap-Tempel eingeweiht.

Aeskulap ist die latinisierte Form des griechischen Wortes Asklepios.

In den Asklepien taucht, wie auf diesen Bildern vom Heiligtum in Pergamon, das Bild der Schlange in verschiedenen Bauelementen immer wieder auf.

Gleichsam um dem Heilung Suchenden die heilsame Kraft, das Heilungsprinzip, immer wieder eindrucksvoll vor Augen zu führen.

Der Kranke behielt somit das Prinzip der Schlange immer im Gedächtnis.

Wie damals von den Heilern im Einzelnen die Erklärung des Schlangenprinzips dem Leidenden nahe gebracht wurde, ist uns leider nicht überliefert.

Aber wer die Heiligtümer des Asklepios durchwandert, muß den Eindruck gewinnen, daß bei den vielen Schlangenabbildungen, wie sie auf vielen Säulen vorkommen, dieses Tier eine eminent wichtige Rolle in der damaligen Heilkunst gespielt haben muß.

Der griechische Heilgott Hermes, im römischen zu Merkur gewandelt, tritt uns mit einem Stab entgegen, um den sich zwei Schlangen winden und so den „Merkurstab" bilden. Es sind Schlangen, die Hermes ihre Kraft des Bindens und Lösens verleihen - Grundprinzipien allen Heilens. Im weiteren Verlauf der Entwicklung oder Geschichte gehen diese Fähigkeiten auf einen Halbgott, Asklepios eben, über und schließlich auf die Menschen.

Man denke in diesem Zusammenhang an Hippokrates, der im Asklepion auf der Insel Kos gewirkt hat. Eindrucksvoll ist dort zu sehen, mit welcher so anders gearteteten Heils-Philosophie die Schüler des Hippokrates an den Leidenden herangegangen sind.

Hermesstab

So mancher deutsche Kurort, der sich so nennt, könnte sich aus dieser vorchristlichen Stätte durchaus einige Anregungen holen.

Wir wollen aber keinesfalls in unserer so aufgeklärten Zeit die Anregung von Ovid aufgreifen und bei Gesundheitsproblemen wie Massenerkrankungen oder Seuchen irgendeine moderne „Sibylle" oder sonstige Quacksalber zu Hilfe zu rufen.

Man sollte jedoch die Aspekte der Komplementär-Medizin mit in sein therapeutisches Spektrum einbeziehen soll, auch wenn die Galions-Figuren der klassischen Medizin das ebenso strikt und ängstlich ablehnen wie der Teufel das Weihwasser.

Aeskulap ist die latinisierte Form des griechischen Wortes Asklepios.

In den Asklepien taucht, wie auf diesen Bildern vom Heiligtum in Pergamon, das Bild der Schlange in verschiedenen Bauelementen immer wieder auf.

Gleichsam um dem Heilung Suchenden die heilsame Kraft, das Heilungsprinzip, immer wieder eindrucksvoll vor Augen zu führen.

Der Kranke behielt somit das Prinzip der Schlange immer im Gedächtnis.

Wie damals von den Heilern im Einzelnen die Erklärung des Schlangenprinzips dem Leidenden nahe gebracht wurde, ist uns leider nicht überliefert.

Aber wer die Heiligtümer des Asklepios durchwandert, muß den Eindruck gewinnen, daß bei den vielen Schlangenabbildungen, wie sie auf vielen Säulen vorkommen, dieses Tier eine eminent wichtige Rolle in der damaligen Heilkunst gespielt haben muß.

Es ist überhaupt interessant, daß Hermes, wie schon erwähnt als Merkur in die römische Mythologie übernommen, auch in der Astrologie als Symbol von wichtiger Bedeutung, überhaupt in diese Heilerrolle schlüpfen konnte. Er ist ein illegaler Sohn des Zeus, der auf seinen Such-Wanderungen bei den irdischen und halbgöttlichen Schönheiten sich auch der Nymphe Maia, einer Tochter des himmelstragenden Atlas etwas zudringlich näherte. Die Folge dieser blaublütigen Liäson war Hermes, ein von Geburt her schlaues und erfinderisches Wesen, der durch seine Pfiffigkeit die Götter, vor allem Apollon und Zeus überraschte. Mit der Ehrlichkeit nahm er es nicht immer so genau und so wurde er auch der Beschützer der Kaufleute und auch der Diebe, denn beide wollen nichts anderes als unser Geld

Schlangen im Trojanischen Krieg - ein Drama

Wer sich einmal in die langen Schlangen (!) vor den Vatikanischen Mussen eingereiht hat, der kommt - wenn er aufmerksam nach allen

Seiten schaut - auch an der Statue des Laokoon vorbei.

Das Original soll ungefähr um die Zeitenwende entstanden sein.

Ein Werk voll ungeheurer Dramatik. Schmerz, Furcht und vergebliche Abwehr zeichnen die Gesichter des Vaters und seiner Söhne aus.

Wie kam es denn zu diesem Ereignis?

Der Trojanische Krieg dauert nun schon zehn Jahre und die größten Helden Achilleus und Hektor sind gefallen.

Da kam Odysseus

Die Laokoon-Gruppe in den Vatikanischen Museen

auf die Idee mit dem Trojanischen Pferd, wie wir es heute nennen. Ein hölzernes Pferd wurde eilends gebaut mit einem Innenraum, in dem sich griechische Krieger aufhalten konnten. Dieses Pferd wurde dann vor die Mauern von Troja geschafft und die griechische Flotte legte pro Forma ab und verbarg sich hinter der nächsten Küstenbiegung.

32

Als die Trojaner das sahen, wollten sie das Pferd der Göttin Athene zu Ehren in ihre Stadt holen.

Kassandra, eine hellsichtige Tochter des Königs Priamos mit seiner Frau Hekabe, warnte eindringlich vor der Gefahr. Aber ihr Problem war: Niemand glaubte ihr - das war eine Rache des Gottes Apollon, den sie abgewiesen hatte.

Auch der Priester Laokoon warnte die Trojaner ebenfalls vor einer üblen List der Griechen, wie er glaubte.

Nun waren in dieses kriegerische Geschehen die Götter ebenfalls involviert. Da schickte Poseidon, der Herr des Meeres, zwei große Schlangen, die Laokoon und seine Söhne erwürgten.

Das sahen die Trojaner als Wink der Götter gegen Laokoon an und holten das Pferd in ihre Mauern. Das weitere dürfte bekannt sein.

Schlangen in der griechischen Mythologie

In der ungemein umfangreichen und farbigen Mythologie der Alten Griechen gibt es zwei weitere Geschichten, in denen Schlangen vorkommen oder eine Rolle spielen.

In der ersten Geschichte ist Zeus der Auslöser. Auf seiner ständigen Ausschau nach den irdischen Schönheiten hatte er ein Auge auf

Der junge Herakles erwürgt zwei Schlangen

Alkmene, die Frau des Königs Amphitryon, geworfen. Als dieser auf einem Kriegszug war, besuchte Zeus sie listig in der Gestalt des Amphitryon und vereinigte sich mit ihr. Später kam Amphitryon zurück.

Neun Monate gebar Alkmene zwei Kinder: Herakles als Kind des Zeus und Iphikles als Kind des Amphitryon.

Hera, die Gattin des Zeus, war aber auf dieses Kind als uneheliches Kind ihres treulosen Gattin zutiefst erbost und eifersüchtig und versuchte das Kind zu töten. Sie schickte zwei riesige Schlangen in das Kinderzimmer, in dem Herakles und Iphikles spielten. Da zeigte sich schon die riesige Kraft des Herakles. Mit seinen kleinen Händen ergriff er je eine Schlange und erwürgte sie.

Alkmene, Amphytrion und das gesamte Personal, die voller Schrecken mit Waffen herbeigelaufen kamen, staunten über die Heldentat des Säuglings nicht schlecht.

Über Herakles und zum Thema Schlange (oder wie er latinisiert hieß: Herkules) gibt es eine weitere Geschichte.

Hera war immer auf ihn nicht gut zu sprechen. So trieb sie ihn einmal in den Wahnsinn, in dem er - ohne es zu wissen - seine Kinder umbrachte. Wieder zu sich gekommen, flüchtete er zum Heiligtum von Delphi, wo ihm Apollon als Reinigung von seiner Tat eine Aufgabe zu erteilte. Er solle dem König Eurysteus dienen. Dieser werde ihm zwölf Aufgaben geben. Unter diesen Aufgaben ebenfalls eine Aufgabe, die auch im deutschen Sprachraum einen Widerhall gefunden hat: Das Ausmisten

Die Lernäische Hydra

des Augias-Stalles. Wenn er sie in zwölf Jahren erfülle, sei der Mord gesühnt.

Eine dieser Pflichten ist das Bekämpfen und Töten der Lernäischen Hydra, ein riesiger Drache mit neun Schlangenköpfen, der über die Herden der Bauern herfiel und die Felder verwüstete. So zog Herakles mit seinem Freund Iolaos los. Als sie aus ihrem Schlupfloch herauskam, schlug er ihr einen Kopf nach dem anderen

Die Lernäische Hydra

ab. Aber jedesmal wuchsen aus dem Hals zwei neue Köpfe. Da trug er seinem Freund auf, die Halsstümpfe sofort auszubrennen und so gelang ihm der Sieg über das Untier.

Der Tod der Kleopatra

Als Alexander der Große starb, wurde sein Riesenreich in drei Teile aufgeteilt. In Ägypten herrschte fortan sein treuer Gefährte Ptolemaios. Nach ihm folgten einige weitere Herrscher. Kleopatra war die letzte Pharaonin aus dem Geschlecht der Ptolemaier.

Jacob Joraens (1593 - 1678)
Der Tod der Kleopatra

Als die Römer Ägypten eroberten, ließ sie sich zuerst mit Caear ein, mit dem sie auch einen Sohn gehabt haben soll.

Nach dem Tod Caesars begann sie ein Verhältnis mit Antonius. Nachdem dieser gegen Octavian verloren hatte, sollte Kleopatra auf einem Triumphzug durch Rom gezeigt werden.

Sie zog den Selbstmord vor.

Lambert Sustris (ca 1519-1591
Die sterbende Kleopatra

Ein Bauer brachte ihr einen Korb, zeigte den Wachen, dass sein Inhalt nur aus Feigen bestand, und durfte ihn hineintragen. Die Schlange darunter hatte niemand gesehen. Nach dem Essen schickte Kleopatra einen dringenden Brief zu Octavian, schloss sich mit ihren vertrauten Zofen Iras und Charmion ein und beging mit ihnen Selbstmord. Der Sage nach soll sie das durch den Biß einer Schlange getan haben, weil das die einzige für eine Pharaonin würdige Todesart gewesen sein soll und späteren Legenden Vorschub leisten sollte. Als Octavian in ihrem Brief den Wunsch las, sie neben Antonius zu bestatten, wusste er Bescheid und schickte schnell Boten, die aber Kleopatra schon tot in königlichem Gewand auf einem goldenen Bett liegend fanden, während ihre beiden Zofen im Sterben lagen. Auch ein Schlangenbeschwörer, der ihr das Gift aussaugen sollte, konnte sie nicht mehr zum Leben erwecken.

Um den Tod Kleopatras ranken sich viele Geschichten. Ob es genauso gewesen ist, wie geschildert, vermag ich nicht zu sagen. Aber weil es die spektakulärste Methode ist und mit dem Thema Schlangen in Verbindung gebracht werden kann, habe ich sie aufgeführt.

Das Heilungsprinzip der Schlange in unserer Zeit

Wir haben das Bild der Schlange als Zeichen der Macht und der Unvergänglichkeit im Alten Ägypten kennen gelernt.

In der Bibel ist sie auf den ersten Seiten präsent.

In der hebräischen Kabbala tritt es uns auf eine andere Art und Weise entgegen.

Die Hellenen bedienten sich in ihren vorchristlichen Kurorten der Schlangenbilder.

So nimmt es nicht Wunder, dass die Schlange bzw. das Schlangengift auch in das geniale, von Dr. Hahnemann gefundene Heilsprinzip der Homöopathie Eingang fand.

Lachesis muta - Buschmeisterschlange

Es war aber Hahnemann nicht mehr persönlich vergönnt, diese Gedanken in die Homöopathie einzubringen.

Erst Constantin Hering machte die ersten Arzneimittelprüfungen mit Schlangengiften. Eine glückliche Fügung wollte es, dass er sich als erstes die hochgiftige Buschmeisterschlange (Lachesis muta) aussuchte, die aus unserem heutigen Heilmittelschatz nicht mehr wegzudenken ist.

Sie lebt in Mittel- und Südamerika und erreicht eine Länge von bis zu 3,6 Meter. Verwendet wird das getrocknete Gift. Als Homöopathikum dient es u.a. zur Behandlung von Kreislauf-Beschwerden und schweren Entzündungen bis hin zur Sepsis (in Kombination mit Pyrogenium).

Eine Verschlimmerung der Symptomatik als Hinweis für Lachesis:

Bei feuchtem Wetter
Bei Wärme
Bei langem Schlaf, besonders morgens beim Aufwachen

Eine Verbesserung der Symptomatik
Bei Bewegung

In frischer Luft

Man denke dabei an die Hauptsymptome:
1. Allgemeine Empfindlichkeit gegen Berührung
2. Der Druck an Hals und Gürtelregion ist nur schwer auszuhalten (man sagt
   Lachesis-Patienten auch nach, dass sie nur ungern Rollkragen tragen, auch im
   Winter ist die Halsregion frei)
3. Eine aufdringliche, kaum zu unterbrechende Geschwätzigkeit
4. Überwiegende Linkssymptomatik
5. Verschlimmerung am Morgen
Entzündliche Bereiche, die Lachesis erfordern, sehen ähnlich aus wie die Gegend um den Biß der Schlange:
Livide, bläulich, geschwollen, schmerzhaft.

Man sollte Lachesis nicht unter einer D 12 geben.

Ein bewährtes homöopathisches Komplex-Mittel ist
   Lachesis Komplex Tropfen der Firma Nestmann Naturarznei.
Es enthält Lachesis D 12, Echinacea D 4, Arnica D 2
Man gibt es bei akuter Entzündung 1/2 stündlich 5 Tropfen in stillem Wasser.
Nach Abklingen der akuten Symptome gibt man 3 x täglich 10 Tropfen
Das Mittel sollte nicht angewendet werden bei fortgeschrittenen Systemerkrankungen wie Tuberkulose, Multipler Sklerose, Parkinson, generell bei Autoimmunerkrankungen

Weitere Homöopathika auf Schlangengiftbasis sind:
Crotalus horridus – nordamerikanische Klapperschlange
Naja tripudans – indische Kobra, Brillenschlange
Vipera berus – Kreuzotter

Elaps corallinus – südamerikanische Korallenschlange
Bothrops lanceolatus – Lanzenotter

Soweit zur Homöopathie

Ein etwas anderes Gebiet der Therapie ist die Behandlung mit Schlangenreintoxinen der Horvi, die leider nur noch aus Holland zu beziehen sind.

Sie unterscheiden sich vom eigentlichen Gift, dem Rohtoxin, durch Lösung einer Eiweißbrücke.

Für viele akute und chronische Prozese stellen sie eine unschätzbare Hilfe dar, wie z.B. die beiden Mittel Horvi C 33 und C 300 zur Stärkung des Immunsystems.

Man kann nur hoffen, dass diese Mittel nicht gänzlich vom Markt verschwinden.

Die Schlange in der Werbung

Die Werbepsychologen sind zeichnen sich oft, aber nicht immer, durch eine besondere Geschicklichkeit aus, den Kunden, den Käufer, mit ihren Anzeigen anzusprechen, auf ihre Produkte aufmerksam zu machen und möglichst zum Kauf anzuregen.

Auf ihre Art sind sie den medizinischen Psychologen um einiges voraus.

Man schaue sich doch einmal diese Symbolik an: Die herabge

wundene Schlange – wer kann da schon widerstehen, wenn es selbst Eva im Paradies nicht vermocht hat und den Verlockungen und Versprechungen der Schlange ihr williges Ohr verlieh.

Im Urlaub auf Fuertefentura sah ich diesen Jungen mit seiner Mutter.
Da ich gerade mit dem Thema Schlange beschäftigt war, fragte ich ihn, ob ich ihn fotografieren durfte.

Die Vertreibung aus dem Paradies und die Folgen

Wie schon beschrieben: Damals – eigentlich gibt es dafür keinen konkreten Zeitrahmen – flüsterte die Schlange dem Menschen ein: Tu es und du wirst sein wie Gott.

Gilt diese Metapher eventuell noch für unsere heutige Zeit?

O ja! Diese Schlange lebt noch immer und erweist als ziemlich aktiv.

Zur besseren Erinnerung / Aufwärmung hier das Kapitel „Sündenfall" 1. Buch Mose, Kapitel 3 (Text nach Martin Luther)

Und die Schlange war listiger denn alle Tiere auf dem Felde, die Gott der Herr gemacht hatte, und sprach zu dem Weibe: Ja, sollte

Gott gesagt haben: Ihr sollt nicht essen von allerlei Bäumen im Garten?

Da sprach das Weib zu der Schlange: Wir essen von den Früchten der Bäume im Garten. Aber von den Früchten des Baumes mitten im Garten hat Gott gesagt: Esset nicht davon, rühret's auch nicht an, daß ihr nicht sterbet.

Da sprach die Schlange zum Weibe: Ihr werdet mitnichten des Todes sterben. Sondern Gott weiß, daß, welches Tages ihr davon esset, so werden eure Augen aufgetan, und ihr werdet sein wie Gott und wissen, was gut und böse ist.

Und das Weib schaute an, daß von dem Baum gut zu essen wäre, und daß er lieblich anzusehen und ein lustiger Baum wäre, weil er klug machte; und sie nahm von der Frucht und aß und gab ihrem Mann auch davon, und er aß.

Da wurden ihrer beiden Augen aufgetan, und sie wurden gewahr, daß sie nackt waren, und flochten Feigenblätter zusammen und

machten sich Schurze.

Und sie hörten die Stimme Gottes des Herrn, der im Garten ging, da der Tag kühl geworden war. Und Adam versteckte sich mit seinem Weibe vor dem Angesicht Gottes des Herrn unter die Bäume im Garten.

Und Gott der Herr rief Adam und sprach zu ihm: Wo bist du?

Und er sprach: Ich hörte deine Stimme im Garten und fürchtete mich, denn ich bin nackt; darum versteckte ich mich.

Und er (der Herr) sprach: Wer hat dir's gesagt, daß du nackt bist? Hast du nicht gegessen von dem Baum, davon ich dir gebot, du solltest nicht davon essen?

Da sprach Adam: Das Weib, das du mir zugesellst hast, gab mir von dem Baum, und ich aß.

Da sprach Gott der Herr zum Weibe: Warum hast du das getan? Das Weib sprach: Die Schlange betrog mich also, daß ich aß.

Da sprach Gott der Herr zu der Schlange: Weil du solches getan hast, seist du verflucht vor allem Vieh und vor allen Tieren auf dem Felde. Auf deinem Bauche sollst du gehen und Erde essen dein Leben lang.

Und ich will Feindschaft setzen zwischen dir und dem Weibe und zwischen deinem Samen und ihrem Samen. Derselbe soll dir den Kopf zertreten und du wirst ihn in die Ferse stechen.

Und zum Weibe sprach er: Ich will dir viel Schmerzen schaffen, wenn du schwanger wirst; du sollst mit Schmerzen Kinder gebären; und dein Verlangen soll nach deinem Manne sein und er soll dein Herr sein.

Und zu Adam sprach er: Derweil du hast gehorcht der Stimme deines Weibes und gegessen von dem Baum, davon ich dir gebot und sprach: Du sollst nicht davon essen - verflucht sei dir der Acker um deinetwillen, mit Kummer sollst du dich darauf nähren dein Leben lang. Dornen und Disteln soll er dir tragen und sollst das Kraut auf dem Felde essen.

Im Schweiße deines Angesichts sollst du dein Brot essen, bis zu wieder zu Erde werdest, davon du genommen bist.

Denn du bist Erde und sollst zu Erde werden.

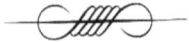

Der Sündenfall und die Vertreibung aus dem Paradies
Alte russische Ikone aus dem 16. Jahrhundert (Ikonen-Museum,
Frankfurt

Verehrte Leser, ich bitte um Nachsicht, sollte ich Sie mit diesen Auszügen aus der Bibel gelangweilt haben. Aber so hin und wieder erscheint mir es angeraten, sich wieder einmal auf die Basis unserer christlichen Kultur zu besinnen und darüber zu reflektieren. Ganz ehrlich: Wer nimmt schon ab und zu die Bibel in die Hand und verliert sich obendrein im Alten Testament.

Mancheiner weiß sicher nicht, wo in seinem Bücherschrank die Bibel steht.

Genug der subtilen Kritik!

An wichtigen und entscheidenden Wegkreuzungen im Leben, an denen der Mensch sich entscheiden muß, da lauert sie, die sich herabwindende Schlange, noch immer und flüstert dem zögernden Menschen noch erneut ein: „Höre nicht auf dein Herz, höre auf deine Neugier."

Als das erste Atom gespalten wurde, da stand die Schlange Pate und flüsterte:

„Tu es!"

Die Folgen waren Hiroshima, Nagasaki und Tschernobyl. Und noch immer schwebt dieses Damoklesschwert über uns, die Mächte rüsten noch immer auf.

Und Kleinstaaten wie Nordkorea benutzen diese Waffe als Drohgebärde und Druckmittel zur Einschüchterung.

Als im 5. Jahrhundert v.Chr. der griechische Philosoph Demokrit das Vorhandensein kleinster Bestandteile der Materie postulierte, da nannte er sie Atome - vom griechischen a-tomos, unteilbar.

Fragen Sie heute einen Physiker, was ein Atom ist, so wird er Ihnen mathematisch-physikalische Erklärungen geben.

Fragen Sie ihn aber, was das Atom von seinem Wesen her ist, bleibt er Ihnen in der Regel die Antwort schuldig.

Auch die Physiker vom CERN in Genf sind nicht viel schlauer.

Diese Teilchenzertrümmerer glauben noch immer, mit ihren riesigen Beschleunigern könnten sie irgendwann das Wesen, ja das Geheimnis der Materie beschreiben oder erklären.

Für mich ist das einzelne Atom, gleich welcher Art, noch immer ein geheimnisvolles Ausgangsprodukt der Schöpfung. Aber mir ist immer noch in höchstem Grade unklar, wie die Atome entstanden sind (Urknall hin und her?), vor allem die schweren Atome wie Blei oder Uran.

Ein Atom, so möchte ich es einmal vorsichtig formulieren, ist die erste Manifestation oder besser Emanation des Unsichtbaren im Sichtbaren.

Atome sind geheimnisvolle Grenzgänger. Sie sind Produkte des Schöpfers um das Universum mit all seinen Facetten aufzubauen – wozu allerdings, das ist eine religions-philosophische Frage. Daher steckt in jedem Atom ein Teil des Schöpfers.

Aus diesen Einzelteilen setzt sich die Gesamtheit der sichtbaren Welt zusammen.

Wer sie spaltet, verletzt das Numinose. Man denke an a-tomos – unteilbar.

Das vom Lateinischen abgeleitete Wort Individuum heißt sinnigerweise ebenfalls unteilbar.

Was hat die Schulmedizin daraus gemacht?

Sie hat das Individuum Mensch in tausend Einzelteile oder Einzeldisziplinen zerlegt und wundert sich, dass sie ihn, den Menschen nicht mehr so ohne weiteres zusammenfügen kann. Wer sich die vielen Unterdisziplinen der Medizin anschaut, kann nur nachdenklich werden, ob diese Zerstückelung der Gesamtheit für den Mensch zu seinem Besten ist. Boshafte Kritiker nennen den Ansatz der klassischen Medizin daher „Diagnostischen Atomismus".

In jeder dieser Unterdisziplinen wacht zudem irgendeine Koryphäe darüber, dass niemand ungestört es wagt, in sein „Reich" einzudringen.

Ebenso geht es den Teilchenphysikern (der Name sagt es im

Grunde schon): Mit ihren sündhaft teuren Geräten gelingt es ihnen nur, zu zerhacken, zu zerstören, zu zerkleinern – aber von einer Synthese, einem Zusammenfügen aus den Einzelteilen zum Ausgangsmaterial oder der Ausgangssubstanz sind sie Lichtjahre entfernt. Das ist sogar noch untertrieben!

Der Gebrauch des Wortes Schlange im Alltag

In einem früheren Kapitel wurde bereits auf die Verwendung des Wortes „Schlange" hingewiesen.

Es sind fast ausnahmslos negativ besetzte Begriffe.

Ein Käufer in einem Supermarkt, an dem nur eine Dame an der Kasse sitzt und vor sich eine lange Reihe von Kunden stehen hat, wird etwas empört fragen, warum der Leiter des Supermarktes ob der langen Schlange an der Kasse nicht eine zweite Kasse aufgemacht hat.

Ein Alptraum für Autofahrer: Es ist Sommer, es ist heiß und man ist auf dem Weg nach Süden, dachte man zumindest. Aber stattdessen steht man, zweispurig, in einer bis zum Horizont reichenden Schlange von Autos und wartet. Das Schlimmste daran ist, man weiß nicht warum und erhält keine Informationen über den Grund der Schlangenbildung. So unterstützt die Schlange eventuell die Kommunikation zum ebenfalls wartenden Vorder- oder Hintermann

Man denke nur an die zum Glück abgewickelte DDR: Selten gab es etwas Besonderes, wie exotische Früchte, aber wenn man etwas zur Verfügung stand, dann bildeten sich sofort lange Schlangen. Und mancheiner stellte sich schon mal provisorisch mit an, in der Hoffnung, es könne sich nur um etwas selten zu Kaufendes handeln. Und das wollte man sich nicht entgehen lassen.

Am Telefon landet man, wenn es um die Verbindung mit irgendwelchen Auskunftsstellen geht, nicht in einer Warte-Schlange, sondern man hängt in einer Warte-Schleife. Das hat sich der Volksmund besonders prägnant ausgedacht: Denn bei einer Schleife kommt noch der zu lösende Knoten hinzu – es ist also etwas schwieriger als nur in einer einfachen „Schlange" zu hängen

Mensch & Schlange - Freundschaft oder Feindschaft?

In den vorangegangenen Kapiteln wurde das Thema Schlange aus verschiedenen Perspektiven betrachtet.

Da mir die asiatischen Kulturen, d.h China, Japan und Indien, nicht so geläufig sind, habe ich mich weitgehend thematisch auf unsere westliche Hemisphäre beschränkt.

Als Ergänzung zum Thema Schlange und Kult fand ich in einem Buch über Antike Heilkunde noch einen Vermerk über die Verbindung von Schlangen und Medizin: Auf einer sumerischen Kultvase aus dem 3. Jahrtausend v.Chr. im Louvre von Paris: Es handelt sich um ein Weihegeschenk des Königs Gudea von Lagash (um 2100 v.Chr.) für den Heilgott Nigizzida.

Um es noch einmal deutlich zu formulieren: Die Schlange ist eines der interessantesten Tiere, von ihrer Gestalt, ihrer Bewegung und der vielfältigen Bedeutung, die ihr zugebilligt wurde. Das Bewegungsmuster ist am besten auf Spuren zu sehen, die Schlangen beispielsweise im Wüstensand hinterlassen haben: „Umwege", schlängeln, aber schnell und geradeaus.

Die Häutung der Schlange sahen die Alten Ägypter als ein Mysterium an. Sie interpretierten es als eine ewige Verjüngung und damit Überwindung des Todes. Da die Herrscher, die Pharaonen, einen gottgleichen Status erfuhren, trugen sie das Symbol der Schlange an ihrem Kopfschmuck.

Ob die Ägypter aus Schlangen oder ihrem Gift eine Art Medizin produzierten, ist mir nicht bekannt.

Über Schlangenkult in Sumer, Babylon, Assyrien oder Persien ist mir wenig bekannt. Ebensowenig ist mir etwas von den Mayas oder Inkas bekannt.

Bei den alten Griechen wiederum erlebt die Schlange im Prozess der Heilung eine Renaissance. Zusammen mit Aeskulap verkörperte sie das Heil- und Heilungs-Prinzip.

Den interessantesten mythologisch-philosophischen-religiösen Anklang für unsere westliche Kultur stellt *die* Schlange dar, die Eva zum Essen vom Baum der Erkenntnis verführte, so wie es in der Bibel im Alten Testament beschrieben steht.

Konnte man bis dahin (theoretisch) die Schlange irgendwie und im weitesten Sinn unter dem Begriff „Indifferenz" unterbringen, ihr also einen neutralen Aspekt zuweisen, so ist es bei der Verführung im Paradies oberflächlich gesehen etwas problematischer. Denn die Schlange flüstert Eva eine Verlockung zu, auf daß sie gegen die Gebote von Gott verstößt. Es ist erstmals die Macht des Bösen, mit der der Mensch konfrontiert wird und die es ihm ermöglichen sollten, fortan zwischen Gut und Böse zu unterscheiden, ihm aber den Platz im Paradies raubt.

Der Mensch lebte bis dahin im Einklang mit allem und allen, mit den Tieren und den Pflanzen, kurzum, er ist ein Teil von ihnen und versteht noch ihre Sprache. Nur so konnte er die Sprache der Schlange verstehen. Man könnte sagen, der Mensch liegt noch im Schlaf des Unbewußten. Das kritische Denken und die Möglichkeit der Differenzierung des Außens sind ihm noch nicht gegeben. Er lebt in einer gewissen Unbefangenheit. Auch das Nackt-Sein stellt für ihn noch kein Problem dar, denn Tiere kennen keine Scham. Hier zeigt sich wiederum die Verwurzeltheit im Tier-Leben.

All das verschwindet mit einem Schlag nach dem Essen vom Baum der Erkenntnis, ob das nun eine Feige war oder ein Apfel, spielt für die psychologisch-philosophische Beurteilung keine Rolle. Ebenfalls sollte der Zeitfaktor nicht so eng ausgelegt werden - was in der biblischen Geschichte ein Sofort-Phänomen war, dürfte sich evolutiv über Hunderttausende von Jahren erstreckt haben. Die Bibel und auch der Mythos kennen diesen uns so bestimmenden Faktor Zeit nicht.

Ein interessanten Aspekt zu diesem Thema hat der Filmregisseur

48

Stanley Kubrick in seinem Klassiker „Odyssee 2001" herausgestellt. Eine Gruppe von Vormenschen lebt in der afrikanischen Savanne. Ihr Alltag wird von Not und vom Kampf ums nackte Überleben bestimmt: Ein Leopard reißt ein Mitglied der Gruppe, Artgenossen einer rivalisierenden Sippe vertreiben die Gruppe von ihrer Wasserstelle.

Eines Morgens erwacht die Gruppe neben einem schwarzen Monolithen, der – unbemerkt von den Vormenschen – von wem auch immer (das bleibt ein Rätsel) auf die Erde gebracht wurde. Der Monolith führt jedoch eine Bewusstseinsveränderung bei den Vormenschen herbei, die ihn ängstlich umtanzen und zaghaft berühren. Es ist der symbolische Deus ex machina, die Schlange aus moderntechnischer Sicht, die die Vormenschen - also Adam und Eva - für immer aus ihrer alleinigen Gebundenheit an die Tierseele herauslöst.

Mit diesem Sprung in die Phase der Vernunft und Kritikfähigkeit (obwohl man noch heutzutage bei vielen Menschen leise Zweifel anbringen muß) hebt sich der Mensch vom Tier ab und geht einen Sonderweg. Er vermag jetzt vieles oder alles zu hinterfragen. Ja, die Schlange vermittelte ihm sogar die Fähigkeit, an der Religio und am Schöpfer selbst zu zweifeln.

Greifen wir daher die Frage der Kapitel-Überschrift wieder auf.

Sind Mensch und Schlange nun durch Freundschaft oder durch Feindschaft verbunden?

Auf die heutige Zeit bezogen: Im Grunde weder noch.

Es ist eine ambivalente Beziehung.

Als luziferisches Wesen, als Botschafter des Bösen, sät sie in den Menschen alle Eigenschaften, die wir als negativ empfinden: Hass, Lüge, Rachsucht, Betrug, Neid, Krieg, Mord und Totschlag.

Zum anderen wiederum vermittelte sie - biblisch-mythologisch gesehen - uns die Fähigkeit und Möglichkeit, mit unserer Vernunft und Einsicht diese Negativ-Faktoren in unserem Leben zu erkennen, sich mit ihnen auseinanderzusetzen und über sie im Sinn einer positiven Entwicklung hinauszuwachsen.

Der Mensch hat also gelernt oder sollte gelernt haben, zwischen Gut und Böse zu unterscheiden.

Das Dilemma ist die menschliche Neugier, die ihm ein „Immer weiter", ein „Immer größer", ein „Immer schneller" eingepflanzt hat. Die Schlange hat dem Menschen aber auch eingeflüstert, er werde zwischen Gut und Böse unterscheiden können. Insofern erscheint die Betrachtung der menschlichen Evolution wichtig, besonders in den letzten Jahren. Denn wir müssen unterscheiden lernen oder erkennen, was für die Zukunft des Menschen und der ihm anvertrauten Erde mit all ihren Geschöpfen gut oder schlecht ist. Maßlosigkeit und Schrankenlosigkeit sind keine positiven Parameter für eine lebenswerten Zukunft.

In jedem Menschen steckt so etwas wie die Sehnsucht nach dem Paradies, aus dem wir dereinst vertrieben wurden. Wäre es denkbar, daß die Schlange, die Eva eine Verlockung zuflüsterte, uns Menschen irgendwann in ferner Zukunft wiederum als Freund eine Hilfe auf dem Weg zurück sein kann?

Die aufgerichtete Schlange als Bild, als Symbol. Als Hilfe zur Rückkehr aus einer durch und durch technisierten, überintellektualisierten Welt, die zu einer spirituellen Leere führt..

Eigene Erfahrung mit einer Schlange

Eine kleine persönliche Erfahrung soll dieses Buch abschließen.

Im ersten Kapitel habe ich über jugendliche Begegnungen mit dem Thema Schlange, speziell der Kreuzotter berichtet, aber nie hatte ich, abgesehen einmal von einer toten Blindschleiche, direkten Kontakt zu einer Schlange.

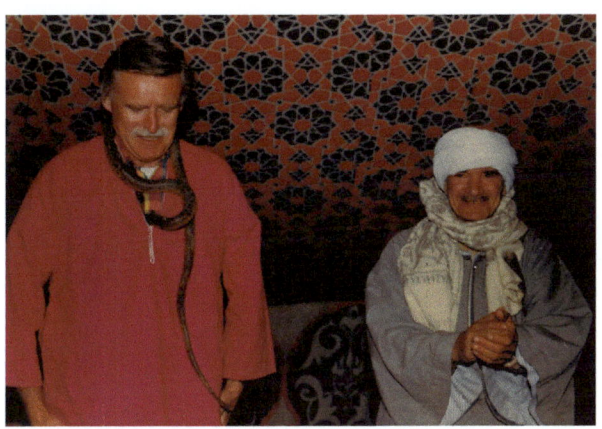

Das sollte sich später, viel später ändern.

Ich hatte eine Reise nach Luxor für einige Freunde organisiert, und zwar in mein ägyptisches Lieblingshotel „Mövenpick Jolie Ville" auf einer Nil-Insel südlich von Luxor.

An einem Abend fand ein ägyptischer Abend statt und alle Besucher bekamen eine Galabeya, das traditionelle Gewand, umgehängt.

Auf der kleinen Bühne fanden einige Tänze und Aufführungen statt.

Dann kam der Mann mit der Schlange um den Hals. Da er gesehen hatte, daß ich der Leiter der Truppe war, holte er mich nach vorn auf die Bühne und wollte auch mir die Schlange um den Hals hängen. Alle Leute schauten auf mich - sollte ich feige sein und kneifen? Auf den Platz zurückgehen? Dann kam mir die Überlegung: Wenn

51

er die Schlange um den Hals hängen hat, kann sie offenbar kein Gift mehr haben. Es kostete mich zwar Überwindung, aber ich ließ es geschehen.

Es war ein eklig kaltes und glattes Gefühl. Man kann es schwer beschreiben, man muß es selbst erlebt haben

Ich war froh, als der Ägypter mir die Schlange wieder abnahm.

Bild- und Quellenhinweise

Die Bilder auf der Seite 21 unten und auf der Seite 22 oben stammen aus der Ausstellung „Kampf der Geschlechter" (Städel-Museum, Frankfurt). Da sie ziemlich dunkel waren, wurden sie von mir zur besseren Darstellung im Computer aufgehellt.

Die Bilder auf Seite 29 (Tod der Kleopatra) entstammen der Gemäldegalerie „Alte Meister" in Kassel, ebenfalls am Computer nachbearbeitet.

Das Bild auf Seite 43 entstammt dem Ikonen-Katalog aus dem Ikonen-Museum, Frankfurt.

Literatur

Homöopathisches Repertorium, Deutsche Homöopathie-Union, Karlsruhe

Pollack, K.; Die Heilkunde der Antike, Löwit, Wiesbaden, 1969

Richter, O. / Hadulla, M., Unsere Homöopathische Apotheke, Herausgeber Staufen-Pharma, Göppingen, 2002

Volkmer, D.; Der Urknall - Eine Fiktion der Astrophysik, Books on Demand

Volkmer, D., Zeit - Ein rätselhaftes Phänomen, Books on Demand

Weitere Bücher des Autors

Viertausend Kilometer Einsamkeit
Rapa Nui Osterinsel

Es ist die einsamste Insel der Welt und sie steckt voller Geheimnisse.
Ein Grund, dorthin einmal aufzubrechen und sich ein eigenes Bild von den Statuen zu machen

Verlag: Books on Demand

Die Odyssee
Eine psychologische Reise nach Ithaka

Die „Odyssee" einmal aus einer anderen Sichtweise betrachtet und interpretiert. Homer kann durchaus als einer der ersten grossen Psychologen der Weltgeschiche bezeichnet werden

Verlag: Books on Demand

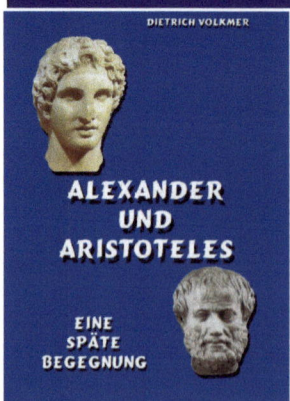

Alexander und Aristoteles
Eine späte Begegnung

Eine fiktive Begegnung in Babylon ca 4 Wochen vor dem Tod Alexanders.
Ein interessantes Zwiegespräch.
Für Freunde der Antike und der Philosophie

Verlag: Books on Demand

Weitere Bücher des Autors

Der Urknall
Eine Fiktion der Astrophysik
Eine kritische Auseinandersetzung
mit den z.T. abenteuerlichen The-
sen der Astrophysiker

Verlag: Books on Demand

Zeit - Ein rätselhaftes Phänomen
Gedankenfragmente
Niemand weiss eigentlich was Zeit im
Wesenskern bedeutet - aber wir kön-
nen ihr nicht entfliehen. Das Buch be-
schreibt verschiedene Aspekte der
Zeit

Verlag: Books on Demand

Tagebücher vom Nil
Echnaton, Nofretete, Teje
Ein Versuch, diese drei aussergewöhn-
lichen Personen der spannendsten
Phase der alt-ägyptischen Geschichte
in Form von Tagebüchern aufleben zu
lassen

Verlag: Books on Demand

Weitere Bücher des Autors

Helena und Paris
Eine dramatische Liebesgeschichte

Es ist die Liebe zwischen den beiden und die Entführung der Helena, die zum Trojanischen Krieg führten.
Homers Epos „Die Ilias" ist die Basis für diese Liebesgeschichte.
Götter und Menschen gestalten dieses Drama
Verlag: Books on Demand

Hiob
Vom Leiden eines Menschen

Neben der Schöpfungsgeschichte und der Josephs-Geschichte ist das Buch Hiob eines der interessantesten Kapitel des Alten Testaments. Dieses Buch versucht, es dem Leser noch näher zu bringen.
Verlag: Books on Demand

Der Erste Messias?
Bildnis eines zu früh Geborenen

Der Pharao Echnaton schuf mit seiner Sonnen-Religion, dem Gott Aton, ein Novum in der Vielgötterei der Alten Ägypter. Neben ihm sollte es keinen weiteren Gott geben. Doch seine Intention kam zu früh und er mußte tragisch scheitern.
Verlag: Books on Demand

Näheres über diese Bücher sowie über sämtliche anderen Bücher des Autors finden Sie auf den Seiten

www.literatur.drvolkmer.de

und

www.buchtipps.drvolkmer.de